Analyse de l'œuvre

Par Florence Dabadie

Chanson douce

de Leila Slimani

lePetitLittéraire.fr

Rendez-vous sur lepetitlitteraire.fr et découvrez :

Plus de 1200 analyses
Claires et synthétiques
Téléchargeables en 30 secondes
À imprimer chez soi

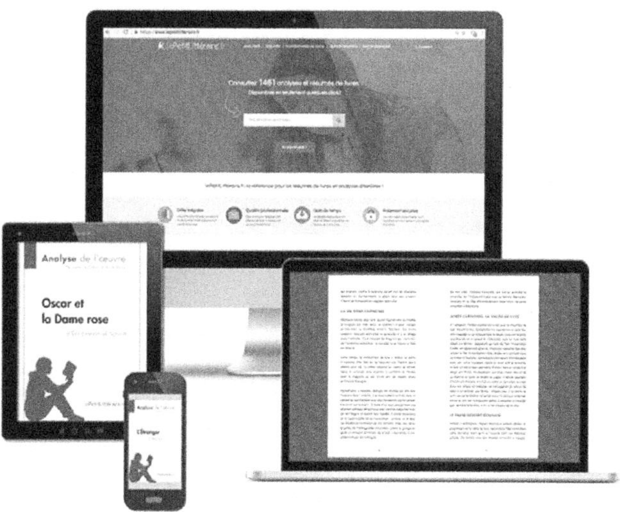

LEÏLA SLIMANI 9

CHANSON DOUCE 13

RÉSUMÉ 17

ÉTUDE DES PERSONNAGES 23

Louise
Myriam
Paul
Les enfants
les personnages secondaires

CLÉS DE LECTURE 35

Chronique d'un drame annoncé
Une menace sourde
Un regard sur le monde contemporain
Une écriture froide et distanciée

PISTES DE RÉFLEXION 55

POUR ALLER PLUS LOIN 59

LEÏLA SLIMANI

JOURNALISTE ET ROMANCIÈRE FRANCO-MAROCAINE

- **Née en 1981 à Rabat (Maroc)**
- **Quelques-unes de ses œuvres** :
  - *Dans le jardin de l'ogre* (2014), roman
  - *Sexe et mensonge* (2017), essai

Leïla Slimani est issue d'une famille marocaine d'expression française et appartient à un milieu aisé. Son père est un haut fonctionnaire marocain qui a fait ses études en France. Sa mère, franco-marocaine, est médecin. Munie de son baccalauréat obtenu au Lycée français de Rabat, elle rejoint Paris et le lycée Fénelon pour commencer une classe préparatoire littéraire. Diplômée de l'Institut d'études politiques de Paris et après s'être essayée au métier de comédienne, elle se forme au journalisme à *L'Express*, avant d'être engagée au journal *Jeune Afrique* en 2008. En 2012, elle décide de se consacrer à l'écriture littéraire. En 2014, elle publie un premier roman remarqué par la critique : *Dans le jardin de l'ogre*. C'est avec *Chanson douce*, son deuxième roman, qu'elle obtient le prix Goncourt en 2016. Un an plus tard, Leïla SLimani publie un essai, *Sexe et mensonge*, consacré à la « misère sexuelle dans le Maghreb ». Elle se dit influencée par Tchekhov, qui « aime ses personnages » et « ne les juge jamais », ainsi que par Stefan Zweig et Milan Kundera.

CHANSON DOUCE

UN ROMAN ÉCRIT À PARTIR D'UN FAIT DIVERS

- **Genre** : roman
- **Édition de référence** : SLIMANI L., *Chanson douce*, Paris, Éditions Gallimard, 2016, 227 p.
- **1ʳᵉ édition** : 2016
- **Thématiques** : crime, famille, éducation, dépendance, société contemporaine, réussite professionnelle, argent, classes sociales

Mila et Adam, les enfants de Myriam et Paul Massé, sont retrouvés sauvagement assassinés. La responsable de ce crime atroce, c'est Louise, leur nounou, engagée par le couple parisien quand Myriam a décidé de reprendre une activité professionnelle d'avocate. La narratrice remonte dans le temps, selon le principe de l'analepse, pour tenter d'entrevoir les raisons de ce drame. Au début, tout laisse à penser que Louise est la nounou idéale, secondant parfaitement Myriam et Paul à la maison. Seulement, au fil du temps, la présence de Louise devient anormalement intrusive, comme si elle souhaitait devenir un membre à part entière de cette famille. Sa dépendance s'accroît et devient de plus en plus insupportable. Avec un style tranchant et incisif, prenant la forme d'énoncés lapidaires et crus, et selon un rythme vif marqué par des chapitres courts, Leïla Slimani aborde des problématiques contemporaines telles que la famille, l'éducation des enfants, la réussite professionnelle, les pré-jugés de classes. On y trouve aussi une réflexion sur les rapports de dépendance et de pouvoir entre les individus. Pour ce roman, l'auteure s'est inspirée d'un fait divers survenu aux États-Unis le 25 octobre 2012 : une mère de trois enfants re-trouve deux de ses enfants poignardés dans son appartement de l'Upper West Side. La criminelle est leur nourrice : elle s'est égorgée mais n'est pas décédée.

RÉSUMÉ

Rentrée exceptionnellement plus tôt de son travail, Myriam Massé retrouve ses deux enfants poignardés. Adam est mort sur le coup, Mila succombe à ses blessures sur le chemin de l'hôpital. La criminelle est leur nourrice. Toujours sur les lieux, cette dernière a tenté de se suicider sans y parvenir. Elle est dans le coma.

Environ un an et demi plus tôt, le couple Massé se met en quête d'une nounou quand Myriam décide d'entamer une carrière d'avocate. En effet, enceinte de Mila à la fin de ses études, elle s'est consacrée à sa fille, puis plus tard à son fils en laissant de côté sa carrière professionnelle. Aujourd'hui, elle ne supporte plus de rester à la maison et vit de plus en plus difficilement le fait de n'être qu'une mère au foyer. Paul travaille beaucoup de son côté en tant que producteur. Il leur faut donc une personne de confiance pour garder les enfants pendant la journée. Après quelques recherches infructueuses, Louise leur est conseillée. Le couple la choisit sans hésitation, comme s'il s'agissait d'une évidence.

Louise est parfaite, une véritable fée. Elle s'occupe consciencieusement des enfants, mais aussi de la maison : elle range, trie, prépare le dîner. Elle va même jusqu'à changer la décoration du salon. Myriam et Paul sont séduits et amusés. Myriam y trouve son compte, car elle peut se consacrer à son travail sans être entravée par des contraintes domestiques. Louise devient indispensable, arrive de plus en plus tôt et part de plus en plus tard. Les enfants ne réclament plus leurs parents. Myriam apprécie la présence invisible et efficace de Louise et lui offre même des cadeaux. C'est la nourrice qui fait la cuisine lorsque Paul et Myriam reçoivent des amis.

Sur un coup de tête, Paul propose d'emmener Louise lors de leurs vacances sur une île grecque. La nourrice est séduite par la douceur des lieux, par la brise légère, le soleil, la chaleur. Elle apprécie la légèreté des soirées au restaurant. Seule ombre au tableau, elle ne sait pas nager. Elle repousse d'ailleurs vivement Mila, à la surprise de tout le monde, quand celle-ci veut la forcer à se baigner. Alors, Paul lui apprend à nager. Elle prend goût au contact de l'eau sur son corps. Elle se sent bien. Lorsque le séjour s'achève, le retour dans son appartement de Créteil le week-end la rend désemparée et morose. Heureusement, la chaleur de septembre permet encore les pique-niques et les sorties au parc.

Cependant, l'hiver s'installe et amène avec lui le premier incident : Louise a maquillé Mila outrageusement, pour s'amuser. Paul s'en offusque, la réprimande et cesse presque tout contact avec elle. Vexée, Louise se sent seule et panique. C'est ensuite au tour de Myriam de découvrir deux cicatrices sur l'épaule d'Adam. Interrogée, Louise accuse la sœur du bambin, précisant avoir été mordue elle-même. En réalité, si Mila l'a mordue, c'est parce que Louise avait serré très fort le torse de la petite fille contre elle, la grondant de s'être trop éloignée lors d'une promenade au parc. Le départ de la famille pour la montagne pendant une semaine, accroît le malaise de Louise. Elle se sent abandonnée et reste cloitrée chez elle. À Wafa, une nourrice qu'elle a rencontrée au square, elle déclare qu'elle aimerait rester définitivement sur l'île de Sifnos lors de leur prochain voyage familial en Grèce. Un jour, Paul et Myriam reçoivent une lettre du Trésor public, les exhortant à déduire du salaire de Louise la somme que celle-ci doit à l'État depuis plusieurs mois. Affectée par les reproches du couple, la nourrice connaît deux nuits d'angoisse. En effet, Louise se sent de plus en plus mal. Devant son désarroi, Myriam s'en veut. Pourtant, une distance de plus en plus grande s'installe entre les deux femmes. Un soir, Myriam retrouve une carcasse de poulet qui trône au milieu de la table de la cuisine. Profondément troublée, ignorant la signification de cette mise en scène, elle pressent vaguement un danger en la personne de Louise.

Le printemps redonne un peu d'optimisme à Louise. Sans enthousiasme, elle fréquente Hervé, que Wafa lui a présenté. C'est alors qu'elle se met à rêver d'un bébé que pourraient concevoir Myriam et Paul. Déterminée à œuvrer pour la réussite de ce projet, elle emmène les enfants au restaurant afin de laisser leurs parents seuls. Toutefois, un dernier incident a raison de son optimisme : devant les loyers impayés, son propriétaire la met en demeure de quitter l'appartement. Dès lors, elle replonge dans une profonde mélancolie. Elle supporte très difficilement les enfants, se montre irritée par leurs cris, leurs questions. Elle laisse la télévision allumée toute la journée. La dernière fois que la famille voit Louise avant le crime, c'est depuis la voiture qui les ramène d'une journée passée chez des amis.

Dans le dernier chapitre, la narratrice revient sur l'arrivée de la capitaine Nina Dorval sur les lieux du crime, sur les témoignages de Wafa et de la voisine, sur ce que Paul rapporte à propos de l'arme du crime. Deux mois d'enquête ont passé. C'est la fin du mois d'août. Nina s'apprête à reconstituer la scène de crime. Elle jouera le rôle de Louise.

ÉTUDE DES PERSONNAGES

LOUISE

Louise est la nourrice engagée par Paul et Myriam Massé. Avec sa silhouette menue, on lui donne vingt ans, bien qu'elle en ait plutôt quarante. Blonde, le visage criblé de minuscules taches de rousseur, elle dégage quelque chose d'enfantin. Elle porte invariablement une jupe longue, un chemisier et des ballerines vernies. Son chignon au-dessus de la nuque lui donne une allure stricte. Ses ongles sont manucurés et ses yeux maquillés. Louise « n'est pas désagréable à regarder », de l'avis de Paul.

Son mari est mort. Elle a une fille, Stéphanie, âgée de vingt ans, qui a fugué et n'est jamais revenue. Louise vit dans un appartement qui ne compte qu'une seule pièce, mais qu'elle range avec beaucoup de soin. Elle a eu plusieurs employeurs, dont M. Franck et les Rouvier, qui ne tarissent pas d'éloges quand ils parlent d'elle aux Massé.

Louise est dévouée, perfectionniste et réalise toutes les tâches qu'on lui confie avec la plus grande minutie, presque avec maniaquerie. Ses manières ont quelque chose de désuet. Lorsqu'ils s'entretiennent avec elle pour la première fois, Paul et Myriam n'hésitent pas une seconde : elle est celle qui convient, c'est une évidence. D'ailleurs, Louise fait preuve d'une grande assurance avec les enfants la première fois qu'elle les rencontre. Ces derniers l'adoptent tout de suite. Elle s'occupe à merveille de la maison. Elle a aussi des talents de cuisinière.

Cette nourrice est très maternelle avec Adam et parvient à apprivoiser Mila, qui se montre plus farouche. Elle sait s'amuser avec les enfants et prend au sérieux tous les divertissements. Elle apprécie en particulier de jouer à cache-cache et aime raconter des « contes cruels où les gentils meurent à la fin » (p39). Capable de tendresse, elle peut aussi avoir des réactions violentes inexpliquées comme le jour où, au parc, elle serre trop fort Mila contre elle parce que celle-ci s'est éloignée sans la prévenir. Il apparait très vite qu'elle entretient une relation complexe avec la petite fille. Depuis l'incident du parc, chacune a un grief contre l'autre.

On sait que Louise a connu par le passé un épisode de « mélancolie délirante », pour lequel elle a été hospitalisée. Il lui arrive d'ailleurs encore de sombrer dans un état morbide quand ses relations avec les Massé se dégradent.

Louise se tient à distance des adultes, à part avec Myriam dont elle est proche au début. Cependant, une distance s'installe peu à peu entre les deux femmes. Paul, attendri par sa fragilité, lui apprend à nager en Grèce et Louise apprécie la présence de ce dernier. Mais il ne lui adresse plus la parole à partir du moment où il découvre qu'elle a maquillé Mila outrageusement. Louise sympathise avec Wafa, une autre nourrice musulmane arrivée depuis peu en France et rencontrée au square. Elle a une brève relation avec Hervé, un homme qui ne lui plaît pas.

MYRIAM

Myriam a mis sa carrière d'avocate de côté pour élever ses deux enfants. Au moment où commence le récit, elle est frustrée par sa vie de mère au foyer, et décide de recommencer à travailler et d'engager une nourrice. Elle en veut à son mari de ne pas prendre suffisamment au sérieux ses désirs d'émancipation. C'est la rencontre fortuite avec Pascal, un ancien camarade d'études, qui joue le rôle d'élément déclencheur. Il lui propose d'entrer comme avocate dans son cabinet. Myriam se montre très consciencieuse et travaille sans relâche du matin au soir, parfois même la nuit. Elle est amie avec Emma, une femme épanouie dans son rôle de mère au foyer modèle. Elle se sent maternée par Louise et apprécie de pouvoir se reposer sur elle pour occuper les enfants et entretenir la maison. Toutes deux ont l'habitude de prendre le thé ensemble dans la cuisine. En effet, Myriam aime la compagnie de Louise et lui fait régulièrement des cadeaux. Cependant, au fil des malentendus successifs, leur relation commence à se fissurer.

Myriam entretient des rapports houleux avec sa belle-mère. Elle lui en veut depuis une discussion mémorable au cours de laquelle Sylvie a reproché à sa belle-fille de ne penser qu'à son ambition personnelle, de ne pas être disponible pour ses enfants, la rendant responsable de leur nature capricieuse.

C'est Myriam qui découvre ses enfants assassinés.

PAUL

Il est le mari de Myriam. Il accepte sa décision de se mettre à travailler même s'il tourne quelque peu en ridicule ses ambitions. Producteur dans le milieu de la musique, il consacre beaucoup de temps à son travail et se réjouit que son activité prenne de l'essor, lui qui a dû mettre provisoirement de côté ses aspirations professionnelles lorsqu'il est devenu père, au point de perdre confiance en ses capacités. Sa mère, Sylvie, qui l'a élevé dans une idéologie de gauche et estime qu'il a renié ses origines et s'est embourgeoisé, exerce une grande influence sur lui. Paul se satisfait de la présence de Louise. Un jour, il lui propose même de rester dîner chez eux avec leurs amis, avant d'annoncer qu'elle partira avec eux en vacances. Il lui apprend à nager. Cependant, leurs rapports se dégradent définitivement lorsqu'un soir, il retrouve sa fille Mila outrageusement maquillée par la nounou.

LES ENFANTS

Mila

Mila est une enfant farouche. Capricieuse, elle est capable de se jeter par terre en pleine rue. Elle est obsédée par son image, se regarde beaucoup dans les vitrines. Elle est frêle et gracieuse.

Elle est « maligne » avec Louise (p.39). Elle désobéit et se montre capable de manipulation pour que la nounou cède à ses désirs. Pour autant, elle connait aussi des moments de culpabilité où elle se montre plus aimante. Elle apprécie les contes cruels que sa nourrice lui raconte. Peu à peu, elle se laisse apprivoiser par Louise. Cependant, leurs relations sont très conflictuelles et passent parfois par des rapports de force physiques. Ainsi, quand Louise la serre trop fort contre elle pour la punir de s'être éloignée seule dans le parc, Mila la mord. Quand cette dernière la force à se baigner en Grèce malgré ses refus répétés, Louise la repousse trop vigoureusement. Un soir, cette dernière emmène les enfants au restaurant et leur impose un long détour dans Paris. Épuisée, Mila est partagée entre incompréhension et angoisse. Le jour du crime, elle meurt dans l'ambulance qui l'emmène à l'hôpital.

Adam

Il est encore bébé quand Louise est engagée. Pourtant, il manifeste de la tendresse à cette femme si maternelle. D'ailleurs, il semble prendre le parti de Louise quand son père la réprimande d'avoir maquillé Mila. C'est sa voix qui clôt le récit quand il demande à sa mère où va Louise qu'ils aperçoivent sur le trottoir. Frappé par cette dernière, Adam meurt sur le coup.

LES PERSONNAGES SECONDAIRES

Stéphanie

Elle est la fille de Louise. Elle a vingt ans. Petite, elle a suivi sa mère chez ses différents employeurs, ne se sentant jamais à sa place. Elle avait l'impression de gêner. Adolescente, elle a mis Louise à l'épreuve : elle faisait régulièrement le mur, passait ses nuits dehors et délaissait sa scolarité. Un jour, elle finit par ne plus revenir, « comme si elle y était évidemment destinée » (p.90). Louise apprend par la suite qu'elle se trouve dans le Sud et est tombée amoureuse.

Jacques

Il est le défunt mari de Louise. Très méprisant vis-à-vis de sa femme, colérique et dépensier, il ne lui a laissé que des dettes. Après sa mort, elle n'a eu qu'un mois pour quitter leur maison qui allait être saisie.

Wafa

Elle est la nounou que Louise rencontre au square. Très bavarde, elle n'a pas plus de vingt-cinq ans. Sans-papier, elle est arrivée en France par un réseau de prostitution. Elle garde désormais un petit garçon. Avec ses rondeurs, son allure négligée et sa manière de se tenir, Louise la trouve un peu vulgaire. Elle fait des pâtisseries grasses qu'elle lui offre régulièrement. Elle lui raconte sa vie, l'invite à son mariage et elle est abattue quand elle apprend le crime de son amie.

Sylvie

Elle est la mère de Paul. Elle désapprouve le train de vie de son fils et de sa belle-fille, leurs ambitions professionnelles et leurs rapports hié-rarchiques avec Louise. Militante de gauche, elle a inculqué à son fils des valeurs qu'elle l'accuse de renier. Elle est particulièrement virulente vis-à-vis de Myriam, allant jusqu'à la culpabiliser de ne pas s'occuper de ses enfants toute la journée.

Hervé

C'est un homme que Wafa a présenté à Louise lors de son mariage. Il a fait des travaux chez elle. Louise n'éprouve que du dégoût pour Hervé : il est banal, petit, a la tête dans les épaules et ses mains sont celles d'un travailleur. Elle accepte tout de même de sortir avec lui et cède à ses avances sans enthousiasme.

Rose Grinberg

C'est la voisine des Massé. Elle a soixante-cinq ans et est une ancienne professeure de musique. Elle s'en veut d'avoir noté le comportement étrange de Louise une heure avant le crime sans avoir donné l'alerte, de même qu'elle regrette de n'avoir prêté plus d'attention aux confidences de Louise à propos de ses problèmes d'argent. Elle faisait une sieste pendant le crime. Elle a entendu les hurlements de Myriam quand elle a ouvert les volets.

Hector Rouvier

Il a été gardé par Louise quand il était enfant. Il a dix-huit ans quand il apprend le crime de son ancienne nounou et qu'il est interrogé par la police. Il se souvient des mains de Louise sur son corps d'enfant, de ses caresses, de son odeur et de « la sauvagerie soudaine de son amour » (p.166). Il s'aperçoit qu'il a toujours su qu'une menace pesait sur lui.

M. Franck

Il a employé Louise quand elle avait vingt-cinq ans. Il était peintre et vivait avec sa mère, dont Louise s'occupait. Il exige qu'elle avorte quand il apprend qu'elle est enceinte. Louise n'y oppose pas de résistance mais ne se réveille pas le jour prévu pour l'intervention. Par conséquent, elle ne retourne jamais chez lui.

CLÉS DE LECTURE

CHRONIQUE D'UN DRAME ANNONCÉ

Le genre de la chronique correspond à un récit d'événements qui suit l'ordre dans lequel ceux-ci se sont déroulés. *Chanson douce* s'apparente de ce point de vue à une chronique. Elle a ceci de particulier qu'elle fait la chronologie d'événements dont l'aboutissement est connu dès le départ. Le récit constitue donc une analepse.

L'avènement du crime

En effet, le roman s'ouvre directement sur la description de la scène de crime. L'assassinat des enfants de la famille Massé par leur nourrice a déjà eu lieu, il est connu du lecteur. On comprend par là que la narratrice ne souhaite pas ménager un suspense, qu'elle ne se lance pas dans un récit qui mènerait à une révélation finale. Ce qui l'intéresse est plutôt d'éclairer les causes, revenir sur les événements qui ont pu mener à une telle tragédie. C'est pour cette raison que le dernier chapitre revient à la temporalité du prologue en se consacrant à la découverte du double meurtre et à la reconstitution de la scène de crime par la capitaine Nina Dorval. Leïla Slimani choisit de suivre le déroulement des faits et l'évolution du personnage de Louise. Ainsi, le deuxième chapitre s'ouvre sur la recherche qu'engage Myriam pour trouver une nourrice. Puis, au fil des pages, la narratrice raconte son comportement de nourrice parfaite, ses attentions pour les enfants et les parents, son immersion puis son intrusion dans la famille Massé, les voyages qu'elle effectue avec eux, ses envies obsessionnelles de proximité, les premières tensions, la montée de la mélancolie délirante de Louise, l'obligation de quitter son appartement.

Des éclairages successifs

Au sein de cette chronique, la narratrice intercale quelques chapitres qui sont des retours en arrière sur la vie de Louise. Le premier, intitulé « Stéphanie » (p.53), du nom de la fille de Louise, se focalise sur la relation qu'elles entretiennent. Le deuxième est consacré au personnage de Rose Grinberg, voisine des Massé, rongée par la culpabilité de n'avoir pas réagi, de n'avoir pas donné l'alerte lorsqu'elle a été surprise par le comportement de Louise dans l'ascenseur quelques minutes avant le drame. Elle aurait pu, selon elle, « changer le cours des choses » (p.82). On apprend qu'elle avait déjà été embarrassée un mois avant le drame par une discussion équivoque avec Louise. Plus loin dans le récit, figure un chapitre consacré à Jacques, le mari de Louise. L'auteure y rapporte les frasques de celui-ci, son mépris pour elle, ses dépenses inconsidérées, les dettes qu'il lui a laissées.

On apprend enfin qu'après la mort de Jacques, Louise a sombré dans une solitude délirante. Par ailleurs, le récit indique que Louise n'a pas souhaité devenir mère. Son premier employeur, M. Franck, apprenant qu'elle était enceinte, l'avait menacée de la renvoyer si elle n'avortait pas. Sans la consulter, il lui avait pris un rendez-vous chez un gynécologue pour l'intervention. Mais Louise ne s'était pas réveillée à l'heure le jour de son rendez-vous médical. Elle avait donc gardé son enfant, qu'elle ne désirait pas et qui avait germé en elle « comme un champignon sur un bois humide » (p. 111). Le chapitre consacré à Hector Rouvier, un enfant que Louise gardait dix ans auparavant, n'a rien d'anecdotique. Au contraire, le point de vue d'Hector sur Louise s'avère précieux : le jeune homme révèle qu'« il avait toujours su qu'une menace avait pesé sur lui » (p.170). Paradoxalement, ce retour en arrière participe de la chronique puisqu'il laisse entendre l'émergence de la menace, « une menace blanche, sulfureuse, indicible » (p.170).

Les derniers moments

La folie grandissante de Louise est évoquée jour après jour. Il y a les trois jours de « léthargie perverse » au cours desquels « ses idées se brouillent » (p.158). Le texte évoque les doutes profonds de Myriam, ses inquiétudes grandissantes alors que se sont multipliés les comportements étranges de la nourrice. La nuit qui suit l'incident de la carcasse de poulet laissée par la nounou sur la table de la cuisine, elle est prise de panique. Elle se dit que Louise est peut-être « dangereuse » (p.172), violente et qu'elle nourrit peut-être un « appétit de vengeance » (p.172) envers eux. Puis le rythme de la narration se ralentit, se dilate. Les verbes au présent se multiplient, les notations sont de plus en plus fines et circonstanciées. Ainsi, la narratrice s'attarde sur le récit de la sortie au restaurant de Louise avec les enfants et dit la fébrilité de celle-ci : « Louise regarde la vitre, sa montre, la rue, le comptoir sur lequel le patron s'appuie. Elle se ronge les ongles, sourit puis son regard devient vague, absent » (p.205). Dans les derniers chapitres, les actions se resserrent, témoignant de l'oppression ressentie par Louise :

> « Louise ne se retourne pas. Elle reste le regard rivé sur l'écran, le corps totalement immobile. La nounou refuse d'aller au square. Elle ne veut pas croiser les autres filles ou tomber sur la vieille voisine, devant qui elle s'est humiliée en lui proposant ses services. » (p.212)

Rien d'étonnant à cela : le récit se rapproche de la chronique lorsque le dénouement dramatique se précise. Les passages écrits selon le point de vue interne de Louise deviennent plus importants, jusqu'à sa dernière pensée : « Je serai punie pour ça, s'entend-elle penser. Je serai punie de ne pas savoir aimer » (p.213). Il ne reste plus à l'auteur qu'à faire disparaître son personnage : c'est l'issue de sa chronique. Elle choisit de le faire de manière symbolique, dans la rue, alors qu'elle est observée par toute la famille Massé. « Lunaire », il semble qu'elle attende quelque chose, « au bord d'une frontière qu'elle s'apprête à traverser et derrière laquelle elle va disparaître » (p.218).

UNE MENACE SOURDE

On peut lire *Chanson douce* comme le récit d'une menace qui approche. D'abord latente, peu perceptible par Myriam et Paul, elle est une évidence pour le lecteur prévenu. De ce point de vue, le roman suit une narration logique : la structure du roman met en évidence l'intensification progressive de cette menace et la descente aux enfers du personnage.

Un coup de foudre réciproque

Lorsqu'elle en parle, Myriam compare à « un coup de foudre amoureux » (p.28) la première rencontre avec Louise. Cette dernière se montre vite indispensable : elle s'occupe des enfants, range la maison, prépare le repas et ne part qu'une fois toutes ces tâches accomplies. Comme pour répondre à l'injonction de Paul, « Faites comme chez vous » (p.33), elle est omniprésente. Rapidement « invisible et indispensable » (p.59), elle devient un membre de la famille à part entière, passant parfois même des nuits sur le canapé. Sans consulter Paul et Myriam, elle transforme le salon en modifiant sa décoration. D'ailleurs, la narratrice indique que Louise « construit patiemment son nid au milieu de l'appartement » et la compare à Vishnou, « divinité nourricière, jalouse et protectrice » (p.59). Myriam, de son côté, accepte de se faire materner par cette femme qu'elle connait si peu.

Des signes inquiétants

Cependant, son aide se fait peu à peu intrusive. Convaincue d'avoir une mission primordiale à remplir, Louise pousse Paul et Myriam à sortir le plus souvent possible. Elle range leurs affaires personnelles, fouille leur intimité. Elle s'incruste littéralement dans leur vie. Le récit montre au fil des pages comment elle finit par sombrer dans une confusion identitaire, jusqu'à rêver d'un troisième enfant dont elle pourrait s'occuper, maintenant que Mila et Adam grandissent, enfant qui l'attacherait davantage à Myriam et Paul. Elle le désire fanatiquement, comme une « possédée » (p.203). D'ailleurs, au cours d'un voyage familial sur une île grecque, Louise se réjouit un soir de la légère ivresse de Paul et Myriam, dans l'espoir qu'il s'ensuive une étreinte fructueuse. Le voyeurisme n'est pas loin, surtout lorsqu'elle en vient à surveiller les menstruations de Myriam de retour à Paris. Désormais totalement aliénée, Louise désire « faire monde avec eux », se faire un « terrier » (p.190).

Progressivement, la narratrice sème à travers plusieurs détails les premiers signes d'un comportement inquiétant : Louise raconte à Mila et Adam des contes cruels « où les gentils meurent à la fin » (p.39), une première partie de cache-cache prend un tour terrifiant lorsque Louise laisse passer un temps infini avant de sortir de sa cachette, causant ainsi la panique des enfants. Devant la résistance ou la désobéissance de Mila, la nourrice fait preuve de brutalité à deux reprises : tantôt elle la serre trop fort pour la gronder de s'être éloignée sans autorisation, tantôt elle la repousse trop vivement quand la petite fille veut la forcer à se baigner alors qu'elle ne sait pas nager. Enfin, la carcasse du poulet qu'elle laisse un soir ostensiblement sur la table de la cuisine, dans un tel état qu'« on dirait qu'un vautour l'a mangée » (p.163), est un spectacle macabre rétrospectivement prémonitoire.

Une existence vide

L'une des forces du roman est que la narratrice apporte dans un récit parallèle et entremêlé au premier des indications sur l'existence et l'histoire personnelle de Louise. En effet, ses départs une fois son travail terminé sont mystérieux pour la famille, de même que ses rares absences. Elle semble s'évanouir, comme si elle n'avait pas d'autre existence en dehors de celle qui est la sienne chez Paul et Myriam. C'est grâce à ce récit parallèle qu'on apprend alors qu'elle vit misérablement dans un studio à Créteil : son mari est mort et lui a laissé de nombreuses dettes en héritage ; sa fille, Stéphanie, l'a quittée sans se retourner. Elle n'a jamais aimé cette femme qu'elle trouvait trop soumise et qui ne comprenait pas sa souffrance : celle d'une enfant qui ne se sentait pas à sa place dans les maisons où travaillait sa mère. Face à cette existence triste et misérable, face à cette solitude, on comprend que la famille Massé soit devenue pour Louise une famille de substitution.

La « mélancolie délirante » de Louise

Parce que certaines de ses erreurs sont remarquées et lui valent des réprimandes de la part de Myriam et Paul, Louise finit par sombrer dans une « mélancolie délirante » (p.158), déjà identifiée lors d'une hospitalisation passée. Elle se sent « comme un amant blessé » (p.177). Sa mélancolie et sa névrose grandissent à tel point qu'elle ne peut plus aller travailler chez les Massé. Plus tard, Louise se sent comme un animal traqué lorsque ceux-ci découvrent ses dettes, dont elle ne leur a jamais parlé. Acculée, elle bascule dès lors dans un état de souffrance et la menace qu'elle incarne se fait de plus en plus sentir.

Au fil des pages, l'évolution du personnage de Louise glace de plus en plus le lecteur qui, averti dès le premier chapitre, voit le dénouement tragique approcher. La descente aux enfers de cette femme est entamée. Elle est désormais dans une impasse, une situation inextricable, c'est-à-dire tragique. Ni tout à fait bonne ni tout à fait méchante, elle choisit l'horreur. Myriam et Paul n'arrivent pas à se séparer d'elle : la nourrice est tellement enracinée dans leur vie qu'elle devient impossible à déloger. La narratrice laisse entendre les pensées de Myriam : s'ils la repoussent, Louise « rentrera quand même » (p.177). À la maison, elle rit de moins en moins, elle ne sort plus au square, les enfants l'irritent. Elle laisse la télévision allumée, leur imposant des images effrayantes. Des envies de strangulation lui viennent lorsqu'elle se tient près d'Adam. Alors, convaincue jusqu'au bout d'agir pour le bien de tous, comme dans ces contes cruels qu'elle racontait aux enfants, Louise sombre dans ce que l'âme humaine a de plus atroce et donne la mort.

UN REGARD SUR LE MONDE CONTEMPORAIN

Il semble que Leïla Slimani, à travers cette histoire, pointe du doigt les travers de notre société, notre rapport au temps et l'importance accordée aux ambitions personnelles. Un propos sur les relations entre les enfants et les adultes, sur la place des uns et des autres, habite ce récit. Les personnages de Myriam et Paul incarnent ces problématiques.

L'ambition professionnelle

Agacée par ses enfants et les contraintes d'une mère au foyer, jalouse de la réussite professionnelle de son mari, l'aigreur ronge Myriam et elle décide de renouer avec sa carrière profession-nelle. Très vite, elle travaille énormément, trop selon Paul. Arrivant à huit heures du matin au bureau, avant tout le monde, elle finit tard et se voit même appelée la nuit pour assister à des gardes à vue. De son côté, Paul se réjouit que sa carrière connaisse un tournant et prenne la forme de ce qu'il espérait. Les maladies à répé-tition des enfants sont dues, d'après Sylvie, la mère de Paul, aux absences de Myriam. De plus, ils se prennent, selon elle, pour des patrons avec leur employée.

La maitresse de Mila condamne elle aussi le manque de disponibilité de Myriam. Comment ne pas entendre une critique de notre société dans ces mots de l'institutrice : « C'est le mal du siècle. Tous ces pauvres enfants sont livrés à eux-mêmes, pendant que les deux parents sont dévorés par la même ambition. C'est simple, ils courent tout le temps. » (p.42) ? En effet, Myriam et Paul sont débordés. Il n'y a de place ni pour le sommeil ni pour les enfants. Ils ne font que cou-rir, ils « deviennent les patrons d'une entreprise qui tourne » (p.118).

L'illusion de la famille idéale

Emma, l'amie de Myriam, incarne la mise en scène de soi et des siens qui caractérise notre société. Ses enfants sont blonds, parfaits, ont « des prénoms imprononçables, issus de la mythologie nordique » (p.45). Ils sont inscrits dans une école qui leur permettra de développer leurs dons naissants. Emma poste sur les réseaux sociaux des « portraits au ton sépia » de ses enfants. Elle est belle, même si elle cache son anorexie en prétextant être végétarienne. Son mari n'apparait pas sur les photos, « tout occupé à photographier cette famille idéale à laquelle il n'appartient que comme spectateur » (p.45).

L'épanouissement personnel et ses contradictions

Myriam pense avec honte, sans le dire à son ami Emma bien sûr, que le bonheur viendra lorsqu'on n'aura plus besoin des autres et qu'on pourra vivre une vie à soi. L'épanouissement personnel passe d'après elle par une totale liberté, par une absence de contraintes induites par les autres. S'agit-il d'égoïsme ? La voix qui raconte ne fait aucun commentaire, n'apporte pas de réponse, mais laisse à penser au lecteur. D'ailleurs, l'anniversaire de Mila, que Louise organise avec tant d'énergie et d'investissement, angoisse Myriam. Jouer avec les enfants ne l'intéresse pas, elle préfère s'isoler dans sa chambre.

Cependant, Myriam est paradoxale, car elle se plaint en même temps auprès de sa belle-mère de ne pas voir ses enfants, de souffrir de cette « existence effrénée » (p.131). Cette dernière ne mâche pas ses mots, accusant sa belle-fille d'égoïsme, d'irresponsabilité, invoquant sa « faute » dans l'évolution négative de ses enfants, devenus capricieux et tyranniques (p.131). Les contradictions de Myriam s'exacerbent : malgré cette envie de liberté revendiquée, elle se sent victime de ces accusations, comme beaucoup d'autres femmes selon elle. Pour cette raison, elle pense qu'il est de son devoir de mère de faire des photographies de ses enfants afin de « détenir les preuves du bonheur passé » (p.215) et pouvoir nourrir plus tard des souvenirs. Une remarque de la narratrice, comme pour mettre en doute la détermination de Myriam, ajoute que « c'est derrière l'écran de son iPhone qu'elle regarde ses enfants » (p.215).

Un problème générationnel

Les convictions de Sylvie servent, dans le récit, à développer la thèse d'une rupture génération- nelle et idéologique. Elle ne comprend pas les aspirations de réussite professionnelle de son fils et de sa belle-fille. Elle invoque les valeurs d'une autre époque, ses idéaux, ses engagements politiques, ses envies de révolution. Elle est la voix qui condamne la société de « vendus » qui a pris le dessus, celle qui défend un monde où l'on aurait le temps de vivre. Elle non plus n'est pas à l'abri des contradictions : elle a travaillé durant toute l'enfance de Paul, avec fierté même.

Un discours social

Myriam et Paul vivent dans un bel immeuble de la rue d'Hauteville, dans le dixième arron- dissement. Ils emploient une femme qui vit pauvrement, dans un studio de Créteil. Emma, l'amie de Myriam, réside dans un arrondissement anciennement populaire, désormais investi par une nouvelle bourgeoisie. Le discours qu'elle tient à Louise à propos de l'école publique révèle son mépris pour les milieux populaires. Elle a d'ailleurs l'intention d'inscrire ses enfants dans des écoles où leurs camarades appartiendront au même milieu social que le leur. À cet égard, il n'est pas absurde de voir dans Chanson douce des traces d'un discours sur les préjugés de classes, dans la lignée des Bonnes de Jean Genet : dans cette pièce, deux employées tentent d'assassiner leur patronne. On peut penser également au film de Claude Chabrol, *La Cérémonie*, qui raconte l'assassinat de toute une famille bourgeoise par leur employée de maison aidée de la postière du village.

Cependant, dans *Chanson douce*, le crime n'a pas une motivation sociale. Louise ne nourrit pas, comme ces femmes, un désir de vengeance. Mais force est de constater que sa misère financière et affective, son expérience de la vie, son statut de victime permanente ont généré chez elle des frustrations qui ont pu jouer un rôle dans son geste final. Enfin, le récit s'attarde sur l'histoire de Wafa, une jeune musulmane sans-papier arrivée récemment en France. Travaillant d'abord au service d'un réseau de prostitution, elle a accepté de se marier pour obtenir des papiers français. Elle travaille chez un couple franco-américain très exigeant.

UNE ÉCRITURE FROIDE ET DISTANCIÉE

Le style de Leïla Slimani surprend par sa distance et son absence de jugement. Cela tient au fait que l'écrivaine souhaite faire le récit d'événements en y mettant le plus d'objectivité possible, sans porter de jugement.

Une *non-fiction novel* ?

Il y a presque dans *Chanson douce* une démarche de type journalistique, le premier métier de Leïla Slimani. Cette démarche n'est pas sans rappeler le genre anglo-saxon de la *non-fiction novel* dans lequel la narration rapporte des faits réels, tout en utilisant les techniques de la fiction. L'écrivaine introduit de cette manière-là, malgré la révélation initiale, un suspense étonnant. L'utilisation du présent confère au récit l'allure d'un compte-rendu clinique des événements. Les phrases sont courtes, et ce dès le début du récit. D'ailleurs, les premiers mots sont lapidaires : « Le bébé est mort ». Cette écriture tranchante est surprenante, surtout lorsqu'elle énonce avec une apparence de détachement le sort des deux enfants : « Adam est mort. Mila va succomber ».

Une écriture à distance

Terminer le roman sur un discours direct, à savoir l'injonction de Louise adressée aux enfants, « Les enfants, venez. Vous allez prendre un bain », est révélateur de cette volonté de l'auteur de se tenir à distance des faits et de ne pas épiloguer sur l'horreur du double crime. À cet égard, il est intéressant de remarquer que le dernier chapitre est consacré à la policière Nina Dorval chargée de la reconstitution : c'est elle qui, en quelque sorte, va prendre en charge le récit du crime. La voix narrative s'éloigne par pudeur. Remarquons que cette distance n'est pas sans rappeler la froideur narrative d'Emmanuel Carrère dans son roman *L'Adversaire*, également consacré à un fait divers criminel.

Comprendre plutôt que juger

Il n'y a jamais de sensationnalisme dans *Chanson douce*. Leïla Slimani ne sombre jamais dans un registre pathétique, malgré l'horreur du double assassinat. D'ailleurs, seules les précisions utiles pour l'intrigue sont données. La voix narrative est pudique et surtout pas moralisatrice. L'écrivaine ne juge pas son personnage. Ainsi, l'utilisation d'une focalisation interne permet-elle de limiter le récit aux pensées et aux ressentis de Louise plutôt que de les rapporter à partir d'un point de vue extérieur. Leïla Slimani l'a déclaré elle-même : « Un écrivain essaie de comprendre et non de juger ».

PISTES DE RÉFLEXION

QUELQUES QUESTIONS POUR APPROFONDIR SA RÉFLEXION...

- Myriam et Paul ont-ils une responsabilité dans le drame ?
- Peut-on ressentir de la compassion pour Louise ?
- Pourquoi le récit ne s'attache-t-il pas davantage aux enfants ?
- En quoi ce roman se rapproche-t-il à certains égards d'une tragédie ?
- Peut-on appliquer à Louise la qualification du héros tragique selon Racine dans la préface d'Andromaque : « ni tout à fait bon ni tout à fait méchant » ?
- Le roman *Chanson douce* est-il un fait divers romancé ?
- En quoi le roman de Leïla Slimani s'apparente-t-il à un huis clos ?
- Quels rapprochements peut-on faire entre *Chanson douce* et *L'Adversaire* d'Emmanuel Carrère ?

- De quel point de vue peut-on comparer *Chanson douce* et *Les Bonnes* de Jean Genet ?

Votre avis nous intéresse !
Laissez un commentaire sur le site de votre librairie en ligne
et partagez vos coups de cœur sur les réseaux sociaux !

POUR ALLER PLUS LOIN

ÉDITION DE RÉFÉRENCE

- SLIMANI L., *Chanson douce*, Paris, Éditions Gallimard, 2016.

Retrouvez notre offre complète sur lePetitLittéraire.fr

- des fiches de lectures
- des commentaires littéraires
- des questionnaires de lecture
- des résumés

ANOUILH
- Antigone

AUSTEN
- Orgueil et
  Préjugés

BALZAC
- Eugénie Grandet
- Le Père Goriot
- Illusions perdues

BARJAVEL
- La Nuit des
  temps

BEAUMARCHAIS
- Le Mariage
  de Figaro

BECKETT
- En attendant
  Godot

BRETON
- Nadja

CAMUS
- La Peste
- Les Justes
- L'Étranger

CARRÈRE
- Limonov

CÉLINE
- Voyage au bout
  de la nuit

CERVANTÈS
- Don Quichotte
  de la Manche

CHATEAUBRIAND
- Mémoires
  d'outre-tombe

**CHODERLOS
DE LACLOS**
- Les Liaisons
  dangereuses

CHRÉTIEN DE TROYES
- Yvain ou le
  Chevalier au lion

CHRISTIE
- Dix Petits Nègres

CLAUDEL
- La Petite Fille de
  Monsieur Linh
- Le Rapport
  de Brodeck

COELHO
- L'Alchimiste

CONAN DOYLE
- Le Chien des
  Baskerville

DAI SIJIE
- Balzac et la
  Petite
  Tailleuse chinoise

DE GAULLE
- Mémoires
  de guerre
  III. Le Salut.
  1944-1946

DE VIGAN
- No et moi

DICKER
- La Vérité sur
  l'affaire Harry
  Quebert

DIDEROT
- Supplément
  au Voyage de
  Bougainville

DUMAS
• Les Trois
  Mousquetaires

ÉNARD
• Parlez-leur
  de batailles,
  de rois et
  d'éléphants

FERRARI
• Le Sermon sur la
  chute de Rome

FLAUBERT
• Madame Bovary

FRANK
• Journal
  d'Anne Frank

FRED VARGAS
• Pars vite et
  reviens tard

GARY
• La Vie devant soi

GAUDÉ
• La Mort du
  roi Tsongor
• Le Soleil des
  Scorta

GAUTIER
• La Morte
  amoureuse
• Le Capitaine
  Fracasse

GAVALDA
• 35 kilos d'espoir

GIDE
• Les
  Faux-Monnayeurs

GIONO
• Le Grand
  Troupeau
• Le Hussard
  sur le toit

GIRAUDOUX
• La guerre de
  Troie
  n'aura pas lieu

GOLDING
• Sa Majesté des
  Mouches

GRIMBERT
• Un secret

HEMINGWAY
• Le Vieil Homme
  et la Mer

HESSEL
• Indignez-vous !

HOMÈRE
• L'Odyssée

HUGO
• Le Dernier Jour
  d'un condamné
• Les Misérables
• Notre-Dame
  de Paris

HUXLEY
• Le Meilleur
  des mondes

IONESCO
• Rhinocéros
• La Cantatrice
  chauve

JARY
• Ubu roi

JENNI
• L'Art français
  de la guerre

JOFFO
• Un sac de billes

KAFKA
• La Métamorphose

KEROUAC
• Sur la route

KESSEL
• Le Lion

LARSSON
• Millenium I. Les
  hommes qui
  n'aimaient pas
  les femmes

LE CLÉZIO
• Mondo

LEVI
• Si c'est un
  homme

LEVY
• Et si c'était vrai...

MAALOUF
• Léon l'Africain

MALRAUX
- La Condition humaine

MARIVAUX
- La Double Inconstance
- Le Jeu de l'amour et du hasard

MARTINEZ
- Du domaine des murmures

MAUPASSANT
- Boule de suif
- Le Horla
- Une vie

MAURIAC
- Le Nœud de vipères

MAURIAC
- Le Sagouin

MÉRIMÉE
- Tamango
- Colomba

MERLE
- La mort est mon métier

MOLIÈRE
- Le Misanthrope
- L'Avare
- Le Bourgeois gentilhomme

MONTAIGNE
- Essais

MORPURGO
- Le Roi Arthur

MUSSET
- Lorenzaccio

MUSSO
- Que serais-je sans toi ?

NOTHOMB
- Stupeur et Tremblements

ORWELL
- La Ferme des animaux
- 1984

PAGNOL
- La Gloire de mon père

PANCOL
- Les Yeux jaunes des crocodiles

PASCAL
- Pensées

PENNAC
- Au bonheur des ogres

POE
- La Chute de la maison Usher

PROUST
- Du côté de chez Swann

QUENEAU
- Zazie dans le métro

QUIGNARD
- Tous les matins du monde

RABELAIS
- Gargantua

RACINE
- Andromaque
- Britannicus
- Phèdre

ROUSSEAU
- Confessions

ROSTAND
- Cyrano de Bergerac

ROWLING
- Harry Potter à l'école des sorciers

SAINT-EXUPÉRY
- Le Petit Prince
- Vol de nuit

SARTRE
- Huis clos
- La Nausée
- Les Mouches

SCHLINK
- Le Liseur

SCHMITT
- La Part de l'autre
- Oscar et la
  Dame rose

SEPULVEDA
- Le Vieux qui
  lisait des romans
  d'amour

SHAKESPEARE
- Roméo et Juliette

SIMENON
- Le Chien jaune

STEEMAN
- L'Assassin
  habite au 21

STEINBECK
- Des souris et
  des hommes

STENDHAL
- Le Rouge et
  le Noir

STEVENSON
- L'Île au trésor

SÜSKIND
- Le Parfum

TOLSTOÏ
- Anna Karénine

TOURNIER
- Vendredi ou
  la Vie sauvage

TOUSSAINT
- Fuir

UHLMAN
- L'Ami retrouvé

VERNE
- Le Tour
  du monde
  en 80 jours
- Vingt mille
  lieues sous
  les mers
- Voyage au
  centre de
  la terre

VIAN
- L'Écume des jours

VOLTAIRE
- Candide

WELLS
- La Guerre des
  mondes

YOURCENAR
- Mémoires
  d'Hadrien

ZOLA
- Au bonheur
  des dames
- L'Assommoir
- Germinal

ZWEIG
- Le Joueur
  d'échecs

L'éditeur veille à la fiabilité des informations publiées, lesquelles ne pourraient toutefois engager sa responsabilité.

www.lepetitlitteraire.fr

ISBN version numérique : 9 782 808 014 267
ISBN version papier : 9 782 808 014 274
Dépôt légal : D/2018/12603/473

Conception numérique : Primento,
le partenaire numérique des éditeurs.

Ce titre a été réalisé avec le soutien de la Fédération Wallonie-Bruxelles, Service général des Lettres et du Livre.

Made in the USA
Monee, IL
07 July 2026

56545222R00039